Schneeberger Schützenmittwoch vor fünfizig Jahren

Guido Meyer

Alpha Editions

This edition published in 2022

ISBN : 9789356711020

Design and Setting By
Alpha Editions
www.alphaedis.com
Email - info@alphaedis.com

Schneeberger Schützenmittwoch vor fünfzig Jahren.

Von *Guido Meyer*, Bamberg.

Nur wenige alte Schneeberger werden sich noch auf die ehemalige Kommunalgarde entsinnen können. Schreiber dieser Blätter war zur Zeit ihrer Auflösung, im Jahre 1853, noch »Einjähriger« beim Regiment Milch und Zwieback und so kann er nur vom Hörensagen berichten, daß sie aus 700 Mann bestanden hat, die in neun Kompagnien eingeteilt waren.

Der Buchbindermeister Lehmann, Gott hab ihn selig, hat es mir gesagt und dabei versichert, daß er nie im Leben gelogen habe, nämlich, daß fünf dieser Kompagnien nicht mit Gewehren, sondern mit Lanzen, Spießen und Knüppeln, die Bäcker mit Ofengabeln und die Essenkehrer sogar mit Reisigbesen bewaffnet gewesen wären. – Bei Fürstenbesuchen hätten die Letzteren nicht mit ausrücken dürfen, weil sie mit Ofengabeln und Besen doch nicht gut hätten »präsentieren« können.

Aber von den Feuerschützen, war die von der k. privilegierten Schützengesellschaft gestellte erste Kompagnie in militärischer Feuerdisciplin ausgebildet – damals bestanden noch 24 Tempo zum laden und feuern – und da die Patronen mit den Zähnen abgebissen werden mußten, konnten nur Männer eingestellt werden, die ein gesundes, natürliches Gebiß besaßen.

All diesen Vorzügen hatte es diese erste Kompagnie zu verdanken, daß sie allein, unter Beibehaltung der Gardeuniform, als die »Schneeberger Schützenkompagnie« fortbestehen durfte und so konnte man sie noch bis zum Jahre 1888 in ihrer, wie soll ich sagen – kleidsamen Schneidigkeit oder schneidigen Kleidsamkeit, bewundern.

Freilich, so ganz uniform waren diese alten Gardeuniformen nicht. Da sie in vielen Fällen vom Vater auf den Sohn vererbt wurden, kam es zuweilen vor, daß, je nach dem Körperumfang des Vor- – oder Nachbesitzers bei dem Einen recht gespannte Verhältnisse zutage traten, dort wieder das Bild einer verschrumpelten »Aeppelspalke« zeigte. Wieder bei einem Dritten, der von Natur etwas zu kurz weggekommen ist, peitschten die Rockschößen die Kniekehlen und beim Vierten bedeckten sie nur das nötigste mit – Nacht und Grauen. Auch das Dunkelblau der Waffenröcke verriet so manche Mißhelligkeit und das Rot der Vorstöße hatte wohl neunerlei Variationen.

Daß hie und da einmal zwischen den gelben, blanken Knöpfen ein weißer glänzte, fiel nicht weiter auf.

An die bonapartische Zeit erinnerte der »Schützenhut«, ein, allerdings nicht quer aufgesetzter, Schiffshut, den ein wehender, weißer, bei der Musik rotweißer Federbusch zierte. Diese Admiralshüte dünkten uns Jungen für viel vornehmer, als die schmucklosen Ledertschakos der Neustädtler Schützen.

Eine Ausnahme in der Kopfbedeckung machten die *Schanzer*, auch Zimmerlinge genannt: Sie trugen hohe Bärenmützen aus Pelzwerk, wodurch diese bärtigen Gesellen ein martialisches Aussehen bekamen. Ein großes ledernes Schurzfell bedeckte ihre Lenden, aber mit ihrem Schanzzeug haben sie wohl nie einen Spatenstich getan, nie einen Baum gefällt.

Kleinere, zottige Schutzfelle trugen auch die Trommler am linken Bein, damit die langen, aus der Landsknechtzeit stammenden Trommeln die Hosen nicht durchwetzen konnten. Auch rote Epauletts mit roten Franzen, nach französischem Muster trugen sie. – Ihr Tambourmajor, der Pflastermeister Thierfelder, bot in seinen blendendweißen Hosen und seinen weißen Gamaschen, die in Kanonenstiefeln staken, einen ebenso originellen, wie imposanten Anblick. Meisterlich verstand er es, seinen goldblitzenden Tambourstab nach dem Takte der Musik in die Luft zu werfen und nach einer Reihe von Schritten wieder aufzufangen.

Die Offiziere trugen als besonderes Abzeichen ein halbmondförmiges goldenes Brustschild und der Schützenkönig, meist in Zivil, sein silbernes Schildgehänge, das noch heute die Brust des Schützenkönigs ziert.

Die »Volontäre«, das waren die nichtuniformierten Schützen sind erst *nach* meiner Zeit mit ausgerückt. Sie mögen mit ihren schwarzen Cylinderhüten wohl stark an die Besengarde der Essenkehrer erinnert haben und ihnen, nicht zum wenigsten auch ihrer ewigen Hänselei, ist es zu verdanken, daß all die Herrlichkeit der blitzenden Uniformen der bequemen Joppe und dem Jägerhute mit Gemsbart und Spielhahnfeder weichen mußte.

Aber in diesen Blättern sollen sie wieder aufleben, die alten biederen Schützen im Königsrock und einer jener feuchtfröhlichen Schützenmittwoche aus Väterzeiten soll wieder schimmern in pfingstsonnigem Glanz.

Bumderrrabum! – Durch die altehrwürdigen Gassen Schneebergs trommelten die Leichsenringe in sonniger Morgenfrühe den Schützenweckruf:

Kamerad kumm! Kamerad kumm!Sollst zu deinem Hauptmann kumm!Sollst en Buckel voll Prügel bekumm! …

Da krochen die Schützen heraus aus den Betten und hinein in die schwarzen Schützenhosen und als dann die Glocken von St. Wolfgang die achte Stunde verkündet hatten, da hörte man bald hier, bald dort eine Haustüre klingeln und nun: »Kommt der Schütz gezogen, früh im Morgenstrahl.«

Auch der Falke Gust erschien im Rahmen seiner Haustüre in voller Schützenuniform, das Kuhbein auf der Schulter. Aber nicht wie die anderen konnte er spornstreichs dem Stellungsplatze zu, enteilen, denn seine bessere Ehehälfte, die Miene, war hinter ihm erschienen und hielt ihn am Kuppel fest. Sie hatte ihm noch einige gute Ermahnungen mit auf den Weg zu geben und eindringlich sprach sie auf ihn hinein: »Doß de mr fei zemittig zun Assn aham kimmst, Gust! ich soog drsch fei!« Der Gust aber begehrte auf: »Du denkst wuhl, en Harigschwanz un e paar Aadippeln halber laatsch ich zemittig vun Schießhaus aham? iech waß noch net emol, öb ich zun Ohmdsassen aham kumm, do werschte mit 'n Bittlich schu allaa fartig warn.«

Da wurde die Miene aber rackerig, sie schrie fast: »Wos, du Lumig! Mei Assn is dr wuhl net gut soot! – Freilich, fer miech is alles gut, dei Fraa kah sich drham rimschindn un ploong, wenn du när draußn bei 'n Schitznbriedern klaam bleim un aa Dippl Lager noonge annern neischmattern kast in de Unendlichkeit, de werscht schu drfür sorring, doß de net ze korz kimmst. – Morring in hallichter Frien kimmste wiedr esu windschief ahgeland wie vunnegahr, wu de mit'n Schlissl de ganze Haustir zrkrahlt host, weil de 's Schlissloch net drwischn kunntst. – Dos soog iech dr Gust! iech mach dr fei nimmer auf, meitwaang kaste noochert draußn bei dr Vuglstang kampirn«. – Da hellte sich plötzlich ihr Gesicht auf, mit einem Schub gab sie ihren Gust frei und rief dem Davoneilenden triumpfirend nach: »'s is när gut, doß wos gut drfir is!« – Dann trat sie hinaus auf die Straße, sah ihm nach, so lange sie ihn sehen konnte und flüsterte ganz glückselig: »E schiener Karl is 'r doch, mei Gust in seiner Schützenuniform. Freilich, wenn 'r sist vun Ufenausputzn aham kimmt, do sieht 'r esu dracket aus, wie e geraachertr, ins Aschnloch neigeporzelter Schwartnmoong.«

Inzwischen schritt Gust eilends den Kasernenberg hinauf, er hatte den Nachruf seiner Miene noch gehört, nun lachte er stillvergnügt vor sich hin und sagte halblaut: »Gieh när du alter Geizkroong! mit dan halm Toler, dan de mr mietgaam host, kah ich mr freilich kan Utan-Urang kaafn, obr de hast schu racht Alte: 's is när gut, doß wos gut drfir is!« Bei den letzten Worten hatte er sich umgedreht und als er die Miene noch drunten stehen sah, schlug er sich an die Schützenbrust, wo in einer verborgenen Tasche einige größere Geldstücke klimperten und da er jetzt außer Hörweite war, rief er laut: »Do sitzn de Mussekantn, Moses un de Profetn!« – Hohnlachend verabschiedete er sich mit den Worten: »Du Schoof, du dumms!« Er bemerkte es gar nicht, wie der Bäckermeister Förster, der hemdärmelich unter seiner Türe stand, ihm verständnisinnig zunickte.

Das »dumme Schoof« aber, trat strahlenden Gesichts den kurzen Heimweg an und die kirschroten Lippen hauchten: »Ach Gottle! er hoot sich noch emol imgedreht nooch mr, ahgelacht hoot 'r mich un zugenickt hoot 'r mr, sugar de Hand hoot 'r ofs Harz gelegt! 'r is mr doch noch racht gut, mei Gust – – iech ne obr ah! Ich will se 'n när gönne, Bei Schitzenmietewoch, er is doch sist es ganze Gahr esu brov.« – –

Auf ihrem Sammelplatz draußen in der Grießbächer Gasse standen die Schützen in plaudernden Gruppen beisammen. Die einen freuten sich in festfroher Stimmung über das prachtvolle Pfingstwetter, andere sprachen über die neuesten Kriegsereignisse in Schleswig-Holstein. Wieder andere kritisierten die vorübergehenden Passanten.

Der kleine, schmächtige Reichelt Heinrich streckte die Hand nach der Apotheke zu aus und rief: »Guckt när, guckt, dort vorne die dicke Pfanneschmidtn, die hoot doch vrdeckis e Krineline ah wie ene Reitschul! sollt mr dä net maane, de gruße Glock wacklet dorte rim?« – Da krähte der Klinge Schneider: »Hatt'rsch dä schu gesah? es Klemperstötzel schwenkt fei itze sunntigs ah mit ener Krineline rim! Schockweiß sei de Gunge hintnnoch geloffn un ham geschriern: Klemperstötzel, trat fei net of deine Faßreifn! – Wos die danne Gunge wieder ennoochgeschriern hoot, kennt'r eich denkn.«

Vorn, am Feineeck standen die Trommler, die Leichsenringe mit den Zimmerlingen zusammen. Ihr Gespräch drehte sich um die Person ihres Tambourmajors, der an einsamer Tête, jeder Zoll ein Feldherr, die Rechte weit abgestreckt auf dem Knauf seines Tambourstabes gestützt, in unnahbarer und unnachahmlicher Grandezza stand.

Der Leichsenring August meinte: »Wie aus Staa gemeislt stitt'r dorte, mr mecht ball maane, er wär e General un kummedieret's Ganze.«

Der Traugott lachte: »Emol is 'r odr doch mit zamst sen Stolz nei in Drack geflung. Vor e Gahrer dreie, viere warsch wuhl, ben Schitznauszug do hoot'r draußn vr dr Hauptwach 's Trompetl vrsaah, grod wollt'r sen Stackn wiedr auffange, do is 'r iebr en grußn Pflastrstaa gestolpert un mit zamst sen Stackn, dan'r gerod noch drwischt hoot, loog'r ofn Bauch. Fix wie dr Teifl war'r freilich wiedr auf, odr en grußn blutrutn Flack hatt'r of seiner weißn Huus, dar immer grässer war. Ben Hieplumpsn hoot sei Flaschl mit Kersch un Rum drah gelaam missn un war guttegahr ausgeloffn. – Dar luus sich odr fei net faag findn, sen Stackn hoot'r akkerat esu in de Luft gefeiert, als wenn gar nischt gepassirt wär.

Wie mr naus kumme sei vr Schießhaus, war de Huus wiedr treich, odr ahgeklabbt war'sche wie geleimt ofs linke Baa. Ne annern Toog is'r obr kumme mit seinr Rammel un hoot dan Pflasterstaa korz und klaa gepucht.« – –

Bei den Musikern bewegte sich das Gespräch in höheren Sphären, man sprach vom Schneeberger Theater.

Die B-Klarinette, der Bretschneider-Fritz, vertrat die Meinung, daß der Direktor Leichsenring seinen Erfolg nur dem Umstand zu verdanken habe, daß er ein geborener Schneeberger sei. Aber die A-Klarinette machte es: »Papperlapapp! E paar scheene Larven sin's, die's Deater voll machen. Der schöne Retzlaff, der die Weibsen drei Meiln im Umkreis verrickt gemacht hat – und die Freilein Wesche, derzulieb jeder Rotzlaff ins Deater rennt.«

»Halt eire Klarenettenschnäbel!« warf der Flötist Schürer ein: »Wie warsch denn neilich in der Regimentstochter, wo die Wesche die Marie gesunge hat? da hat doch von eich zween kee Luder mehr uff de Noten geguckt, da hab ich mit der Fleet egal einspringen missen, sonst wär's zweete Regiment fei nich 'rangerickt.«

»Ei ei ei!« heuchelte die C-Trompete, der lange Dörfel: »Aber Kunst, werkliche Kunst is doch ooch derbei. Der Wurm, er is freilich kee Adonis, denn en Buckel hat er, wie e Dromedar, aber singe kann der – singe, mer gloobt ne Devrient zu heern.«

»Hostn du schu emol ne Devrient geheert?« höhnte der Posaunist Greiner. »Du bist doch noch net zum Loch naus kumme, hechstns emol nieber of'n Auer Garmerich.«

»Meenste? – Da frag emal ne dicken Bretschneider, mir warn erscht vor Korzen in Leipzig, im Gewandhauskonzert.« »Hatt'r ah miet geblosn?« grinste die Es-Trompete, der Heimtücker Strubelt, aber der dicke Bretschneider schnauzte ihn an: »Du, herrschte Strubelt, der, der dorte die Tuba geblasen hat, der konnt's anderscht wie du, da gabs keene Mißtön, wie du se mannichsmal aus deiner Kanone nausfeierscht«.

Die Tuba aber gab schlagfertig und bissig zurück: »Esu natierlich klinge se freilich net wie die, die du ze denn Fagott nausprasselst«. Damit hatte er die Lacher auf seiner Seite. Am lautesten aber lachte der lahme Bretschneider und es war schon mehr ein Giebsen, als er rief: »Un ah net esu laut, wie dar Kanuneschuß neilich in dr Prob, aus'n Anton sein Waldhorn!«

»Ho ich dich drwischt!« brüllte der Wünsch Anton. »Ka annerer Mensch is gewasn als du, dar mr salt dan Papierstöppel in's Mundstick neigedreht hoot.« –

»Vertragt euch doch, Kinder!« mahnte jetzt der Konzertmeister Reiser. »Was sollen denn die Leute von euch denken, wenn sie euren Dischput hören!«

Und richtig, der Weiß Potscher, der in der Nähe gestanden hatte, mischte sich ein. »Wissn se, Herr Reiser«, sagte er, »'s Blosn mit dr Gusch is schwar, iech hoo's ah schu probiert, ich wollt doch salber e Mussegant warn, odr ich kunnt noch esu schie neiblosn ins Trumpetl, 's is doch allemol esu garschtig wiedr rauskumme.«

Drüben an der Ladentüre der Langapotheke stand, bei seinem Freund Heyner, der Stadtmusikdirektor Meyer und erzählte von seinen Monstrekonzerten, die er als hannöverscher Musikmeister mit acht vereinigten Militärkapellen vor Sr. Majestät dem König Ernst August veranstaltet hatte. Da erscholl das Kommando: »Antreten!«

Meyer reichte Heynern die Hand zum Abschied, mit den Worten: »Siehste Heyner, *so* hat mir Majestät die Hand gedrückt und dabei gesagt: »Meyer, das war eine Glanzleistung von Ihnen.««

Heyner zog bei dem Händedruck erst das eine, dann das andere Bein in die Höhe, jetzt fing er an zu tanzen und schrie: »Autsch! Dunnerwetter! Hol der Teufel Deine Glanzleistung!« – Da legte Meyer seine weißbehandschuhte Rechte salutierend an den goldverbrämten Dreimaster und mit einem Lächeln der Befriedigung auf den Lippen, schritt er zu seinen Leuten hinüber.

Inzwischen waren die Schützen in vier Gliedern angetreten. Feldwebel Schmidt entnahm seiner dicken Brieftasche eine Liste und verlas aus derselben die Namen der Gardisten. In allen Tönen, aus der hellsten Schneiderkehle, bis zum dröhnenden Böttcherbaß, erklang das »Hier!« Nur einmal blieb es aus, als der Laternenwärter Leichsenring, vulgo Hosenbummel, aufgerufen wurde.

»Auf den wird nicht gewartet, der ist sowieso schon zu alt für den Dienst«, entschied der Hauptmann Röder. Er wollte das Schwert ziehen, aber das ging nicht so leicht. Korporal Günther (der Planitzer) half ihm ziehen, da gab es einen Ruck, der Säbel flog heraus und der Hauptmann in die große Trommel, die wohl einen dumpfen Ton von sich gab, aber Stand hielt. Günther hatte sich an den dicken Höfer angeklammert, der ebenfalls einen knurrenden Ton von sich gab, aber auch Stand hielt.

Als sich der Hauptmann von seinem Schreck erholt hatte, trat er an die Front und wollte »Achtung« kommandieren, da rief der Vizekorporal Kleinert: »Herr Hauptmann! dorte kommt der Bummel aus'n Apothekergässel raus!«

»Der hat ja hellgraue Hosen an!« riefen gleich drei auf einmal. – Des Hauptmanns Blicke verfinsterten sich und er knurrte dem Spätling entgegen: »Zu spät kommen Sie und auch noch in einem solchen Aufzug? Sie treten nicht ein!«

»Ich waß schu Herr Hauptmah, ich wollt mich ah när zer Schtell maldn. Odr ich kah wassettersch nischt drfier, mei Schitznhus war untnrim ausgetriefelt un do ho ich se heit frieh nauf zun Heisler Schneider geschickt, dar soll se frisch eiseime, dar hoot mrsche odr net wiedrgebracht. Grod kumm ich vunne har, net emal drham war'r.« – In diesem Augenblick flog ein Freudenschimmer über das Heldengesicht Leichsenrings. »Herr Hauptmah« rief er aus; »Wartn se när noch fimf Minutn; dorte kimmt dar Heislerschneider mit dr Hus iebern Arm im's Richtereck rim.« Ohne eine Antwort abzuwarten, stürmte er davon, packte den Häusler beim Kragen und schob ihn vor sich her in die Hausflur der Garküche hinein.

Der Häusler Schneider hatte, während Leichsenring zu ihm gegangen war, die fertige Hose zu diesem getragen. Da aber jeder einen anderen Weg einschlug, hatten sie sich umgangen. Nun war der Häusler mit der Hose nach dem Topfmarkt getrippelt, wo gewöhnlich die Aufstellung stattfand. Hier war aber infolge eines Rohrbruches das Pflaster aufgerissen und da er sich wegen seiner Stocktaubheit mit niemandem verständigen konnte, war er aufs geradewohl hinüber nach der Ziegengasse getrippelt. Als er da auch keine Schützen sah, nach der Griesbächer Gasse. Schon von weitem hatte man ihn rufen hören: »Bebebummel! Bebebummel!«

Der Hauptmann hatte fünf Minuten gewartet, es wurden sechs, sieben Minuten, Leichsenring kam nicht wieder. Da wurden zwei Schützen zur Nachforschung abkommandiert, die alsbald in der Garküche verschwanden. In der Hausflur hörten sie schon einen Mordsspektakel aus einem sonst verschwiegenen Ort und als sie dort hineintraten, fanden sie den Leichsenring in Socken und Unterhosen, wie er den Häusler Schneider an die Wand gekreuzigt hielt und ihm eine Standrede hielt, über die Dummheit: »Wie se in hunnerttausend Gahrn noch net dogewasn is un ah net wiederkimmt.«

Als er der beiden Schützen ansichtig wurde, ließ er sein Opfer los. »Gott sei getrummelt un gepfiffn!« rief er aus: »hot dä kaner vun Eich e scharfs Masser eistackn?«

»De wärschtn doch net epper ohmorksn wolln?« fragte der Wittig Franz entsetzt.

»Schoden kennts dan nischt, wenn'r emol ohgemorkst wür!« polterte Leichsenring. »Do guckt när emol har, wos dos Kamel do fartig gebracht hoot: meine Schitznhus hoot'r mr untn frisch eiseime solln un doderbei hoot'r sche mr guttegar untn zugeneeht. Itze halft mr när aufschlitzn, mit dan Brummochs – wu is'r dä hie? – war doch nischt ahzefange: Kah Scheer, kah Messr drbei, blus de Schnupptewaksduhs hatt'r eistackn.«

Na, die Hose war schnell wieder aufgeschlitzt, sie triefelte zwar wieder, wie zuvor, aber in kurzer Zeit stand Leichsenring in Reih und Glied.

Nun erfolgten die Kommandos: »Achtung! Augen – rechts! Richtung! Höfer – 'n Bauch nein! Augen – geradaus! Schulterts – Kepp! Iebersch – Kepp! Rechts – um! Vorwärts – marrrsch!«

Unter Trommelschlag schwenkte alsbald die Kompagnie um den goldenen Ring herum. Am Rathaus wurde Halt gemacht, um die Fahne abzuholen. Unter den Klängen des Norma-Marsches trat die Fahnensektion ein, der Hauptmann kommandierte: »Links – um! Vorwärts – marrrsch!« Thierfelder hob den Tambourstab, der Radetzkymarsch setzte ein und der Tambourstab flitzte und blitzte durch die pfingstsonnige Luft im Takte auf und nieder.

Als die Schützen an der Hauptwache vorbeizogen, stand dort die Wachmannschaft des achten Bataillons mit präsentiertem Gewehr und die Schützen erwiderten diese Ehrenbezeigung durch Schultern des Gewehres, während der Fahnenträger Burkhardt in verwegenster Weise die Fahne schwenkte.

Als der Zug an der Hauptwache vorbei war, ließ der Wachoffizier Graf Kameke abtreten, er selbst aber stellte sich an die Barriere, sein Gesicht verzog sich zu einem grinsenden Lachen: im letzten Glied der Schützen marschierte ein Mann, dessen Federstutz bei Schritt und Tritt einen Bogen von neunzig Grad beschrieb und dessen Bajonett bald mit dem des linken bald mit dem des rechten Nebenmannes zusammenklirrte.

Der Wackelfritze, über den er sich so belustigte, war der Schulhausmann Wetzel.

Der Schützenzug war von einer Schar jugendlicher Trabanten dicht umschwärmt. Zumeist waren es Schützensprößlinge, die ihres Vaters Schützenmütze in der Hand trugen. Ein barhäupt- und barfüßiger Junge trug sogar deren zwei.

Als nun die Musik schwieg, und nur die Trommeln rasselten, frug ein anderer, behäupteter und gestiefelter Junge den Barfüßler: »Wäm geheeren denn die zwee Mitzen eegentlich, die du nausträgst?«

»Die Aane gehärt men Voter« entgegnete der Barfüßler, »un die annere men Vetter Henner. Vun en Gedn« setzte er geschwätzig hinzu: »krieg ich en Dreier fersch Naustroong.«

»So? was koofst du dir denn draußen für deinen Sechser?«

»Dos waas ich salberscht noch net. Vielleicht, – vielleicht ene Brootworschtbriehsammel und e sauere Gork, oder e Ei un en Bittlich. – Kriegst du ah ewos fersch Naustroong?«

»Versteht sich! – ne halbe Bratwurscht,« bestätigte der Gestiefelte.

Da blitzte es neidisch und feindselig in den Augen des Barfüßlers auf. Rückwärts tretend verkrümelte er sich in die Menge und ehe er in derselben verschwand, rief er giftig: »Wenn dr när dr Hund de Brootworscht aus dr Pfut ruppet, du Aff du grußfrasseter!«

Es wäre vielleicht zu einer Verfolgung und zu einer Prügelei gekommen, hätte nicht die Musik wieder eingesetzt, zum zweiten, zum Lieblingsmarsch der Jugend und hundert helle Kehlen fielen mit ein in die Melodie: »Koch, koch Lindenthee, denn mir tut der Bauch so weh.« – –

Während sich nun der Zug allmählich dem Schießhause näherte, gingen draußen »unter den Linden« zwei würdige alte Herren auf und ab spazieren. Der eine davon war der Kauf- und Handelsherr Rupprecht, (infolge seines Spielwarenhandels unser Weihnachtsrupperich) der andere war dessen Hausgenoß der schwerhörige Tuchhändler Günther.

Als diese beiden Herren, abwärts schreitend in die Nähe der Reitbahn kamen, da hielt grade der Müller Heinrich die Lunte auf das Zündloch eines Böllers und *»bauz«* krachte es, daß es in den Bergen widerhallte. Rupprecht fuhr erschrocken in sich zusammen und blieb stehen. Günther aber drehte ihm mit freundlichem Lächeln das Gesicht zu und frug: »Was haste gesagt, Rupprecht?« Auf die abwehrende Geste Rupprechts setzte Günther hinzu: »De weest doch Rupprecht, ich häre e bischen schwer – da mußte schon e bissl lauter sprechen.« Da krachte ein zweiter Schuß, Günther schüttelte den Kopf und sagte: »Ich kann dich immer noch nich recht verstehen, Rupprecht, ich habe blos Bach verstanden. Meenst du den Bäcker Bach?«

Das Eintreffen der Schützen drunten am Schießhaus war jetzt Rupprecht ein willkommener Anlaß, aus der Nähe der Böller und über weitere Fragen Günthers hinwegzukommen. Er deutete mit der Hand hinunter, Günther nickte verständnisvoll mit dem Kopf und beide Herren gingen hinab, um sich das kriegerische Schauspiel anzusehen.

Hier erschollen wieder die Kommandos: »Halt! Rechts – um! Schulterts – Kepp! Präsentierts – Kepp!«

Unter den Klängen des Marsches aus Norma wurde die Fahne auf ihrem Ständer gehißt, die Wache zog auf und als dann endlich die Schlußkommandos: »Los! Tret' – ab!« erfolgten, dann gab es stöhnen, blasen und fauchen, die Mützenjungen traten in Funktion und nahmen die schweißtriefenden Schützenhüte, Gewehr und die Koppel mit dem Seitengewehr und der Patronentasche in Verwahrung.

Die Schützen aber rissen die Knöpfe des Waffenrockes auf, holten das blaurotgewürfelte Taschentuch mitsamt der Pfeife und dem Tabaksbeutel aus der Schößentasche und nachdem die Schweißperlen auf den Glatzen trocken gefummelt waren, wurde die schon zuhause gestopfte Pfeife in Brand gesetzt.

»Gott sei Dank, daß mr da sin!« stöhnte der eine und der Falke Gust jammerte: »Dan Dorscht, dan Dorscht!«

Bald füllte sich der geräumige Saal im »Alten Verein« wie auch das Schenkzimmer im alten Schießhaus und bald auch knallten die Büchsen im Scheibenstand.

Der Saalbau, mit seiner langen Front hoher Bogenfenster, ist in den achtziger Jahren abgebrochen worden. Er stand an Stelle des jetzigen Gartens und barg neben dem großen Saal noch ein geräumiges Vorzimmer und an der Rückseite eine Kegelbahn. Hier überall herrschte nun ein buntes, feuchtfröhliches Treiben beim althergebrachten Schützenmittwochs-Frühschoppen. Im Saale saßen an langen Tafeln, in bunter Reihe uniformierte und nichtuniformierte Schützen und erfüllten den Raum mit Lachen und Johlen, mit Bier-, Bratwurst- und Knasterdüften. Gute Witze wurden mit einem Tusch belohnt, schlechte aber charakterisierte, je nach dem Grad der Brenzlichkeit derselben, das Klappenhorn Meyers mit: Du bist der beste Bruder ah net, – oder – Schmeiß'n naus den Judenitzig.

Nun muß der Verfasser, wohl oder übel, seine eigene, damals noch recht unscheinbare, aber »nissige« Person ins Treffen führen, da sich jetzt Handlungen einschieben, in denen sie eine wenn auch nicht immer einwandfreie Rolle gespielt hat.

Nachdem ich meines Vaters Hut und Degen drüben in der Schenke der Frau Hirsch besorgt und aufgehoben hatte, pflanzte ich mich drinnen im Saal gegenüber von Vaters Klappenhorn, wie ein mahnendes Fragezeichen auf.

Ich hatte meinen Opulus zu einer halben Bratwurst noch nicht bekommen und wußte recht gut, daß ich hier als lästiger Ohrenzeuge prompt abgefertigt werden würde. Aber, war es meines Vaters Kurzsichtigkeit, war es der fast schneidbare Tabaksqualm, mein Bratwurstappetit wurde auf eine harte Probe gestellt. Dabei hörte ich denn, wie mein Hoflieferant, der Reuther Bäck, lachend erzählte, wie er sich auf dem ganzen Marsch darüber geammesiert habe, daß dem Wenzel Schmied der Nasenputzer wie ein Fuchsschwanz hintenunter gehangen habe.

»Das hast du mir doch jedenfalls selber hinten rausgezong, denn du warst doch mei Hintermann!« schimpfte Wenzel, aber der Neumerkel beruhigte ihn mit den Worten: »Gab dich när zefriedn. Ich ho's gesah, wie'r drsch nooch un nooch rausgezerrt hoot. Ich ho's ah gesah, wie'r egal in sen Bort neigekichert hoot. Ich gelaab odr, er hätt net esu gelacht, wenn'r gewußt hätt, doß'n salber sei Schnupptichel un ah de Quastn vun sen Tobaksbeutel hintnnausgebaumelt sei.«

In das allgemeine Gelächter stimmte ich kräftig mit ein, nicht ohne Erfolg hatte ich mich dadurch meinem Vater bemerkbar gemacht und nun trug ich fröhlichen Sinnes meine zwölf Pfennige zur Frau Hirsch an den Schenktisch.

Eine Minute später konnte ich liebäugelnd meine, in ein »Pfengbrot« eingeklemmte halbe Bratwurst betrachten; doch – zwischen Lipp und Bratwurstzipfel – in dem Augenblick, wo ich den ersten ersehnten Biß tun wollte, da – pflanzte sich Bluth Antons Bluthund Pluto breitbeinig und zähneflätschend vor mir auf. Wie diese Bestie vor meiner Bratwurst, so standen die Worte des Barfüßlers plötzlich vor meiner Seele. Schnell ließ ich die Hand mit der Wurst hinter meinem Rücken verschwinden und wie sich nun der Bluthund mit der Zunge die Schnauze leckte, streckte auch ich ihm die Zunge heraus, fühlte aber zugleich, wie eine warme, feuchte Zunge hinten über meine Bratwurstfinger strich und wie denselben Wurst und Semmel entglitt. – Ein anderer Köter hatte mir sie aus der Pfut geruppt. – Ich sah nur noch die lebendige Illustration zu dem Liede: »Wenn der Hund mit der Wurst übern Eckstein springt«, draußen vor der Türe.

Ein freundlicher, mitleidiger Herr, den die Schießhauswirtin mit: »Herr Pursch« anredete und der den Vorgang lachend mit angesehen hatte, kaufte mir eine *ganze* Bratwurst und so war ich bald, dem gesättigten Löwen gleich, mit Hund und Barfüßler versöhnt. – Der Letztere hat übrigens seinen Beruf als Profet verfehlt, er ist Prolet geworden und da ihm schon lange kein Zahn mehr weh tut, kann er auch keine »saure Gork« mehr essen.

Als ich hinaus trat, in den sonnigen Vormittag, fiel mein erster Blick auf den Wachtposten, der vor dem Fahnenständer, dem Trommelbock und den

Gewehren auf- und abschritt und dabei mit seinem Federbusch derartige Schwenkungen machte, daß ich sofort in ihm den Schulhausmann Wetzel erkannte. Ich grüßte ihn pflichtschuldigst. Freundlich grüßte er wieder: »Morring Klaaner. Du bist doch dr klaane Meyer – Du kast mr en Gefalln tu. Gieh emol nieber in de Wach un soog, ne Posten dohausn tät de Zung ene halbe Ehl zun Hals raushänge.«

Ich sprang hinüber und richtete es wortgetreu aus, aber der Korporal Richter meinte: »Ach wos! dar soll wartn bis 'r ohgelöst werd.« Der Schneider Windsheimer, der mein Leibschneider war, winkte mich zu sich heran und gab mir ein leeres Glas in die Hand. »Das läßte« sagte er »dortn an Bottich vollloofn, da kann er seinen Dorscht dran löschen.«

Da wo jetzt der Eingang zum Keglerheim ist, da war der Wasserbottich, an dem ich das Glas mit perlfrischem Wasser füllte.

Hätte ich nun einem wütenden Stier ein blutrotes Tuch vorgehalten, zornigere Augen hätten mich nicht anfunkeln können, als die des Wetzel, als ich mit dem Glase Wasser daherkam.

»Hullunk, elendiger!« schrie er mich an: und packte sein Gewehr mit beiden Fäusten am Ende des Laufes. »Kumm mr net ze nah, odr ich schloog dich ze Brei!« – Da erscholl drüben vom Wachhause her infernalisches Gelächter. Die gesamte Wachmannschaft stand vor der Tür; ein Jeder hielt in der einen Hand eine volle Stange Bier und mit der anderen hielt er sich den Bauch.

Sofort entlud sich Wetzels Zorn nach dieser Seite: »Inu ihr Lumpn! ihr Sauhind! – ihr zutscht do driem de ganze Sprengstütz Bier aus un iech soll Wasser saufn? – Pfoi Teifl! schamt eich!« Als nun auch noch von drüben prost! prost! prost! gerufen wurde, da verließ Wetzel vorschriftswidrig seinen Posten und das Gewehr hinter sich herschleifend und lästerlich schimpfend trieb er die Schützen in das Wachtlokal hinein.

Es dauerte eine geraume Zeit bis Wetzel wieder zum Vorschein kam. Seine Rechte umklammerte ein schon zur Hälfte geleertes Stangenglas, das er nun in aller Gemütsruhe vollends leerte und dann ins Gras warf.

Als er auf Posten zurückgekehrt war, strich der Fischer Heinrich vorbei und zog den Hut. »Morring Herr Wetzel! Heite weeß mr doch gar nich wie der Wind weht? – Ihr habt wohl eire Fahne in der Wäsche, oder amende gar versetzt?«

»Unnere Fahn? – do ... – stitt se doch« wollte Wetzel sagen, aber der Mund blieb ihm sperrangelweit offen und erst nach einer Weile klappte er ihn hörbar wieder zu, dann kam ein Bumben un Granatndunnerwetter zum Ausbruch und endlich rief er die Wache heraus: »De Fahn is gemaust«!

Wer nun glaubte die Mannschaft käme über Kopf und Hals gestürzt, der irrte gewaltig. Die trank zunächst sämtliche Gläser leer und bis die Röcke zugeknöpft und das Seitengewehr umgeschnallt war, verging eine geraume Zeit, in der Wetzel den Fischer Heinrich ausfragte und als nun drei Mann zur Stelle kamen, konnte er berichten, daß der oder die Diebe hinauf nach den Scheunen zu geflüchtet seien. Wer der Fahnendieb war, konnte nicht ermittelt werden. Ich aber hatte den Vorgang aus nächster Nähe mit angesehen und während die Schützen den Berg hinauf eilten, sprang ich auf der anderen Seite den Berg hinunter und drüben wieder hinauf, zum – Gerichtswäldchen. Dort angekommen, sah ich die Fahne, an der ein langes Seil befestigt war, im Moose liegen, während der Fahnendieb sich vergeblich bemühte, am Stamm einer Fichte empor zu klettern.

»Lassen Sie mich nauf Herr Rusrat« rief ich: »ich kann besser klettern als Sie!«

»Rusrat?? – wie kaste denn Rusrat zu mir saang – weeste nich wie ich hees? Kannste denn danauf klettern? die Ficht is hoch!«

»Mir is kee Boom ze hoch un auf der Ficht bin ich schon öfters gewesen.«

»Nu da strampel emal los, nimm das Strickend mit nauf, da ziehste dann de Fahne drmit nauf un bindst se drohm fest.«

Nach wenigen Minuten flatterte die altehrwürdige Fahne, die vielleicht schon hunderte mal »gemaust« worden ist, über allen Gipfeln, lustig hoch im Winde.

Als ich wieder Boden unter den Füßen hatte, meinte der »Rusrat«: »Itze heests aber auskratzen!«

»Sie haben schon noch Zeit Herr Ru… Herr Claus; der Fischer Heinrich hat die Wache nauf nach »vor Scheunen« geschickt.«

»Ich wees schon,« blinzelte der Rusrat, »das war schon so ausgemacht, der verrät mich nich.«

»Wenn ich fimf Neugroschen krieg,« sagte ich keck, »dann halt ich mei Maul ooch!«

Lachend zog der Fahnendieb den Beutel, warf ein Fünfgroschenstück ins Moos und entfernte sich mit den Worten: »So ein ruppiger Lausgung! Denhalber brauchts wahrhaftig nimmer ze reenge, aus den werd emal entweder e großes Tier oder e großer Lump.«

Das war wieder eine Prophezeiung, die freilich bis jetzt nach keiner Seite hin eingetroffen ist, denn ich habe vorgezogen, im Leben den goldenen Mittelweg einzuschlagen. Damals aber schlug ich mit meinem Fünfgroschenstück, singend und springend den kürzesten Weg ein, zum Pfingstmarkt.

Pfingstmarkt! Welche Fülle genußreicher Erinnerungen weckst du in mir! – Welch buntes, pfingstfröhliches Treiben flutete über deinen grünen Rasen, auf dem die Kinder jauchzend ihre Purzelbäume schossen und auf dem in Buden, auf Tischen, Bänken und Karren alle, einem Kinderherzen begehrlichen Herrlichkeiten ausgebreitet waren.

Dieser terrassenförmig gestaffelte, mit Queckengras bestandene Wiesenplan ist fürwahr eine glückliche Wahl unserer Väter gewesen, hier ihre Schießstätten zu errichten. Liebevoll umsäumten sie ihn mit schattigen Lindenalleen, die schon vor fünfzig Jahren sich zu mächtigen Baumkronen entwickelt hatten. Nicht unerwähnt möchte ich hierbei lassen, daß mein Großvater, der damalige Ratssenator Bauer, sich um die Anpflanzung dieser Anlagen wesentliche Verdienste erworben hat.

Dahin führte mich nun mein Weg, an wogenden Feldern vorbei, durch üppigen Wiesenflor, über dem die Schmetterlinge gaukelten und geschäftige Bienen summten.

Ein sonniger, wonniger Pfingstzauber war über die lachenden Gefilde gebreitet und vom klaren Himmelsblau, das sich hinüber spannte, bis zu den fernen Riesen des Erzgebirges, schmetterten die Lerchen ihr Jubellied hernieder. Auch in den alten Lindenkronen frohlockten die Vögel und die Reitzugfinken hielten, von Baum zu Baum, ihre Zwiegespräche.

Als ich aber aus der Doppelallee herauskam, wars mit dem Zauber vorbei, denn Arnolds Reitschule setzte sich eben in Drehung und August drehte, den kalten Kalkstummel im Munde, mit beständigem Kopfnicken, den alten, verstimmten Leierkasten, dem er, soweit es die alten Blasbälge zuließen, das Neueste auf dem Gebiet der Gassenhauer entlockte: »Ach ich bin so müde.« –

August war bei der spottlustigen Jugend dadurch zur Zielscheibe geworden, daß er mit den meisten Consonanten in Erbfehde lag. Einem kleinen Fahrgast, dem die Nase blutete, hatte er einmal zugerufen: »Tlaaner, dei Noot lutt!« Und diese Worte blieben an ihm haften; jeder Bengel riefs ihm nach – so auch ich jetzt: »Autut, dei Noot lutt!« Prompt und kopfnickend kam die Antwort zurück: »Ette lotte luten!«

Gleich darauf flötete mich aus dem Stern und Thonpfeifen geschmückten Hintergrund einer Schießbude eine liebliche jungfräuliche Stimme an: »Schießen se mal, junger Herr! Zwee Schisse fimf Fenge.«

Donnerwetter! das imponierte mir. Erstens »Sie« und dann auch noch »junger Herr!« – Solch gute Meinung von mir durfte nicht unbeachtet, nicht unbelohnt bleiben, stand ich doch in absehbarer Zeit schon vor dem Uebergang vom Flegel zum Herrn Flegel und so schoß ich denn im Vollgefühl meiner Herrlichkeit vier Löcher in die Luft. – Mit ebensoviel Groschen meiner erleichterten Barschaft ging ich, etwas enttäuscht davon.

Wiederum klangen die Worte: »Junger Herr!« an mein Ohr, diesmal aus dem Munde des Horndrechslermeisters Röder, der vor seiner Bude stand und mir ein niedliches Liliputpfeifchen mit den Worten entgegenhielt: »Nur fimf Neigroschen, junger Herr.«

Fast bereute ich jetzt die vier Luftlöcher, als ich aber entgegnete: »Ich darf doch noch gar nich roochen!« da ließ Röder den jungen Herrn fallen und er sagte, mit dem Finger drohend: »Dich Schlingel hab ich doch schon roochen sehn, daneilich am Bach of der Stangebergwiese, dort, wo die vielen Vergißmeinnicht stehn, da bist du im Gras gelegen und hast Ringeln in die Luft geblasen wie e Alter.«

Ich machte einige lange Schritte und stand bald vor der Holzdrechslerbude der höchsten Persönlichkeit Schneebergs, des Türmers Böhm. Die vielen buntgefiederten Abschießvögel in allen Größen, erregten meine Aufmerksamkeit nicht, noch weniger die scheckigen Pferdchen mit und ohne Reiter, auch nicht die Blasrohre, die Knallbüchsen, die »Schrietzbüchsen«, die Pfennigpfeifen und Kegelspiele, mich interessierte ein Raphael Engel, der beide Ellenbogen auf die Verkaufslade gestützt und an einer großen Süßholzwurzel kauend, seine Blicke von Gegenstand zu Gegenstand schweifen ließ. Dieser Engel war jener profetische Barfüßler.

»Luuz« sagte eben der Türmer zu seinem Sprößling Louis: »Ich gieh itze en Aangblick fort, paß fei gut auf, doß nischt gemaust werd.« – Kaum war Luuz drinnen allein, da nahm der barfüßige Engel einen großen Wulst gekauter Süßholzwurzel aus dem Mund und frug: »Wos kost dä ene Schrietzbichs?« Luuz antwortete: »De klenn kostn en Dreier, die do en Sechser und de grußn en Neigrosch«.

»Weiß emol aane har, vor en Neigrosch!« – Der Barfüßler betrachtete sie mit Kennerblicken von außen und innen, dann blies er einmal hindurch und meinte: »Ich denk mr när, die hoot ewing zeviel Luft.«

»Wos vrstist'n du!« sagte Luuz verächtlich: »Wenn se nei ins Wasser kimmt un 's Garn drinne naß werd, nochert zieht se schu.«

»Derf ich se dä erscht emol probirn, driem an Wasserbottig?«

»Nu meitwaang – de mußt se odr fei behaltn, wenn de se eingesaut host!«

Leichtbesohlt flatterte der Engel davon – er soll heute noch wiederkommen.

Ambrosische Düfte zogen mich an der Nase hinüber, zu den Kindern des Südens, zu den Bergen von Apfelsinen, Johannesbrot, Datteln und Feigen. Dann trug ich das schnuppernde Riechorgan weiter, zu den schmalzgebackenen Blätterteig-, Sand- und Spritzkuchen, vorbei an den Zuckerbuden mit ihren Feuersteinchen, Aniskörnchen und Zimmtmandeln, vorbei an den bunten Eiern, den sauren Gurken und den Böklingen. Die »Bittlich Richtern« pries ihre Ware an: »Lauter dicke Speckbuckel, de kleen en Zweeer, de grußen 'n Dreier. Solche scheene goldgelbe Fische wern nich alle Tage gefang!« –

Nicht einmal die Bratwurstkarline konnte mir einen Dreier entlocken für ihre duftenden Brühsemmeln, die sie emsig und unverdrossen mit ihren rusigen fettglänzenden Fingern aushöhlte und dann von Zeit zu Zeit die Finger ableckte. Dabei machte sie ihre Witze: Eine Affenschande wäre es, so eine Gottesgabe für einen lumpigen Dreier zu verkitschen, ihr seliger Urgroßvater gäbe einen Taler drum, wenn er nur einmal hineinbeißen könnte. »Ihr hatt doch alle keene Ahnung« setzte sie hinzu, »was da alles noch so drum un dra hängt; vier Wochen lang muß ich dernach meine Finger in griene Seefe stecken, daß se nur wieder reene wern.«

»Lecken Sie se ooch öfter emal derbei ab?« frug ein fürwitziger Bengel, aber schlagfertig kam es zurück: »Ich hätte bald was gesagt, du Lausewenzel!«

Wenn sich Mund und Nase laben, wolln die Ohren auch was haben. Und diese kamen voll und ganz auf ihre Rechnung. Schon das Geschrill der hunderte von Pfennigpfeifen hätte genügt, aber dazu kamen noch die Schnarren, die Waldteufel und die Mundharmonikas. Das gab mit dem Grundmotiv der Reitschulorgel eine machtvolle Symphonie, zu der die Scheibenschützen den Takt knallten.

Strich aber Einer mit einem Brummeisen vorbei, so konnte man die Wahrnehmung machen, daß die Brummeisen, so verschrieen sie bei gewissen Ehehälften sein mögen, ganz gewiß zu den zahmeren und zarteren Gatt–ungen zu zählen sind.

Das Elfeglöckel läutete die Mittagsstunde ein, da ging ich hinüber in den Saalbau, um mich meinem Vater zum Heimweg anzuschließen. Als wir durch das Vorzimmer kamen, saß da in einer Ecke der Falke Gust bei einem tellergroßen »Biffstek« und rief mit schon etwas lallender Stimme: »Mahlzeit Herr Direkter! Hier sitzn de Mussegantn, Moses un de Profetn!«

Um drei Uhr nachmittags war ich wieder zuplatze, da begann das *Vogelschießen.* Dies wurde aber nicht von der Schützengesellschaft abgehalten, sondern die *Schnepperschützen* hatten die einmalige Erlaubnis bekommen, ihr

Vogelschießen diesmal ausnahmsweise vor dem Schießhaus abhalten zu dürfen. Zu diesem Zwecke hatten sie vor der Vogelstange, unten beim alten Schießhaus eine geräumige Bude aufgestellt, aus der sie mit ihren großen Armbrüsten (Schneppern) dem riesigen Adler auf der Vogelstange zuleibe gingen.

Uns Jungen machte es ein besonderes Vergnügen, Jagd nach den verschossenen Bolzen zu machen, die wir dann, das halbe Dutzend für einen Dreier, zur Bude zurück brachten. Ich konnte diesen Erwerb recht gut gebrauchen, denn ich hatte meine restlichen vier Neugroschen – wie gewonnen, so zerronnen – in der Würfelbude verknobelt.

So kam ich auch jetzt wieder mit einer handvoll Bolzen zur Bude zurück, da lehnte der Horndrechsler Pfeifer am Eckpfosten und uzte die Schnepperschützen.

»*Fffft*« machte er es gerade: »Schu wiedr drnahm wack. Ihr mißt doch nooch'n Vugel zieln, net noch ne Maandn, dar stieht doch itze gar net an Himmel! Mir ham doch itze Neimaand.«

»Halt de Gusch!« schimpfte der Rohrlapper, »du machst uns när de Bolzn schei!«

Beim nächsten Schuß machte es Pfeifer wieder: »*Fffft!* wiedr e Loch in Himmel. Ich gelaab, dr Peterus is ausgerissn, dar is doch ka Minut sicher vr eiern Fahlbolzn.«

Nun wurde es den Geneckten doch zu bunt und sie schrien durcheinander: »Gieh doch du rei, du Maulaff! – Zeig erscht du emol, wos de kast, du Grußgusch! – Dar fällt doch geleich im, wenn dr Schuß lusgitt!«

Ohne weiteres kroch Pfeifer durch die Absperrleinen und verlangte einen Schnepper. – Nun hatten aber die Schützen ein altes abgelegtes Monstrum, ganz extra für solche Fälle, bei der Hand, an dem der Bügel nicht mehr fest im Schafte stak, so daß derselbe ohne Schwierigkeit seitlich verschoben werden konnte und so rückten sie ihn, bevor sie ihn mit der Drehwinde aufzogen, ein gutes Stück nach links, so daß die ganze Schleuderkraft nach dieser Seite verlegt wurde, dann reichten sie den mühsam gespannten Schnepper mit verhaltenem Lachen, dem ahnungslosen Pfeifer.

Dieser stand nun, jeder Zoll ein Tell, im Anschlag und zielte, lange und genau zielte er, denn unter keinen Umständen durfte er sich blamieren. – »Sättersch!« stichelte der Leonhardt Schmied: »Itze getraut'r sich net, ne Finger krumb ze machn.« – Da drückte Pfeifer ab und – ein zehnstimmiges, schallendes Gelächter durchbrauste die Bude.

Der heimtückische, ungleich gespannte Schnepper hatte Pfeifer eine solch wuchtige »Faunz« versetzt, daß er, den Schnepper weit von sich schleudernd, einen Luftsprung machte und dann, mit einem Gesicht wie ein herabgefallenes Mondkalb, auf seinen geliebten fünf Buchstaben saß. Das alles dauerte nur Augenblicke, dann nahm er sich zusammen, krabbelte sich ächzend in die Höhe und wortlos, nur mit einem grundtiefen Verachtungsblick auf die Schnepperschützen, hinkte er zur Türe hinaus.

Diese aber krümmten sich vor Lachen wie die Würmer und als ihm der Könitzer nachrief: »Der Rumpes is gefalln, Sie wern fei Keenig!« da drehte sich Pfeifer herum, und drohend die beiden Fäuste schüttelnd, entrangen sich befreiende Worte von seinen Lippen. Mit Löwenstimme donnerten sie zur Bude zurück, die Kraftworte Götz von Berlichingens, in sechsstelliger Multiplikation. –

Pfeifer hatte genug Vogelschießen. Hinkend und sich sämmtliche Backen reibend, stapfte er stadteinwärts.

Als er an Stahls Schuppen vorbeikam, begegnete ihm der Härtel Fritz, der ihn schon von Weitem mit staunenden Blicken betrachtete.

»Inusse sog mr när,« sprach ihn dieser an: »Du host doch ene Papp drahsitzen wie ene Backmuldr? host wuhl endlich emol aane drwischt?« – Pfeifer sah ihn bissig an. »Zähwieting ho ich!« gab er barsch zurück. – »Zähwieting? ginne dä dir de Zahnervn esu weit nunner, bis in de Baah, doste drezzeverze drzu machst?« Pfeifer ließ ihn stehen und hinkte davon. Erst nach einigen Schritten drehte er sich wütend um und rief dem noch immer dortstehenden Härtel zu: »Gieh när du nei in de Schnapperbud, wenn de ka A...ladr drah host!« – –

Kopfschüttelnd und um Pfeifers Seelenzustand ernstlich besorgt, ging auch Härtel seines Weges, schießhauswärts.

Er war zwar nicht Schütze, aber der Schützenmittwoch galt von jeher als bürgerliches Volksfest, an dem sich Jedermann nach Herzenslust beteiligen konnte. So strebte nun Härtel der Schützenkegelbahn zu, als er aber um den Saalbau herumschwenken wollte, da hörte er lustige Stimmen drüben im Wachhäusel.

Wo es lustig zuging, da war Härtel in seinem Element und so lenkte er die Schritte hinüber und spähte zur halboffenen Türe hinein.

In der Wachstube saßen um einen großen Tisch herum ein Dutzend uniformirte und nicht uniformirte Männer, die auf sämmtlichen Stockzähnen kauend, sich an einem feisten Schinken gütlich taten. Härtel wollte schon wieder abschieben, da rief der Maler Engelbrecht in seinem damals noch unverfälschten hannöverschen Dialekt: »Sspaziren Sie nur herein, Herr

Härtell, Sie dürfenn auch mal von unseremm delikatenn Schinkenn kostenn. Es ist ne ganz besonders feine Sochte, die wie Butter auf der Zunge zergeht. Ich gebe Ihnen mein Wocht, der Schinkenn stammt von einer Edelsau aus guter Familje.«

Härtel ließ sich das nicht zweimal sagen und so saß er alsbald im Kreise froher Zecher, beim löblichen Tun. Dabei erfuhr er denn, daß es zwischen den beiden Korporalen Richter und Piefky zum Streite darüber gekommen sei, daß jeder von den beiden behauptete, im Besitz der besten Schinken zu sein. Trotz der Noblesse Piefkys, der einen Schinken von zuhause geholt und zum Besten gegeben habe, bleibe Richter beharrlich dabei, sein Schinken wäre noch viel besser, freilich den Beweis für seine Behauptung bleibt er uns schuldig.

»Ich kann doch nischt derfür«, entschuldigte sich Richter. »Ich selber bin doch gar nich eso, aber meine Frau, die hält alle Händ ieber ihre Schinken.«

Schallendes Gelächter. Dann ließ sich die sonore Stimme Piefkys salbungsvoll vernehmen: »Wieviel Schinken hamm Sie denn eegentlich noch derheeme, Herr Richter?«

»Blos noch en eenzigen,« war die Antwort.

»Na da lassen Sie sich'n nur recht gut schmecken,« sagte Piefky und zwinkerte mit den Augen zu seinem Kollegen Windsheimer hinüber.

»Nu ähm!« bestätigte Windsheimer: »Mir wolln uns den guten Geschmack gar nich mehr drmit verderm.«

Da Richter, um eine in ihm aufsteigende Regung seines, in die Enge getriebenen Schützenherzens zu unterdrücken, schwieg, trat eine Gesprächspause ein, die durch einen allgemeinen Trunk ausgefüllt wurde. Als dann die Schaumspuren aus den Schnurrbärten geleckt waren, lenkte der Klempnermeister Schulz das Gespräch auf einen anderen Punkt, indem er sich mit den Worten an Leichsenring wandte: »Saang se emal, Bummelhose, wie war denn eegentlich die Geschichte damals mit'n Schilbach, wie der nein in de Laterne gerannt is?«

Leichsenring warf, ob seines verunglimpften Spitznamens, dem Sprecher einen scharfen Blick zu, dann holte er in aller Gemächlichkeit ein altes Schnappmesser aus der Hosentasche hervor, das zwar keine Klingen mehr hatte, dafür aber einen breiten Stahlrücken zum Feuerschlagen. Aus der Westentasche brachte er noch ein Stück Zündschwamm und einen Feuerstein zum Vorschein und nun pinkte er immer mit dem Kopfe nickend und jedesmal das rechte Auge zusammenzwickend, bis der Schwamm an zu glimmen fing. Diesen legte er auf den Tabak in seiner Pfeife und dann baffte er mit sichtlichem Behagen mächtige Wolkenschiebel zur verräucherten Decke empor.

Nach einer Weile drehte er sich zu seinem Nachbar Denkert herum und sagte, »dos is mr fei lieber als der Towak. Wenn ichs machen kännt, ich raachet nischt wie Feierschwamb.«

»Der riecht wenigstens besser wie Ihr Tobak,« meinte Denkert.

»Nununununuu!« machte es Leichsenring, »ne schlachstn raach ich fei noch lank net, 's is Feinschnitt, 's Pfund vr 28 Pfeng!«

»Alle bunähr!« sagte Denkert, »da kann ich freilich nich antreten mit mein Griensiegel.«

Als jetzt Schulz mahnte: »Nu was is denn also mit'n Schilbache«, da gab Leichsenring kleine Grüne bei und erzählte:

»Das war esu. Saltmol, wie de Bah fartig war un dar erschte, bekränzte Zug vun dr Schlähm rauf kumme is, do soßn doch die ganzn Grußn drinne, in Frack un mit dr Angsträhr un do war dr Herr Schilbach ah drbei. Nutwennig hoot dar doch allmeitoog und do is'r ahm in sen Stormschriet vun Bahhuf rauf ahamgebieslt. – Iech ho ne net kumme sah; ich stand an Appetekneck un ho an nischt gedacht, wie ich mei Lamp rogeleiert ho. Zwaa Drehertsn hätt ich noch ze machn gehatt, do tuts of amol en Klerrerts, doß michs vr Schrack när esu rim gedreht hoot un wie ich hieguck, – ich denk dr Schloog trift mich, – mei liebr Herr Schilbach in vulln Wichs stackt mit'n Kopp in dr Lartarr. – Sei Ziehlindr war zrkneetscht un sei Gesicht, es Vürhemmel, dar feine noble Frack, alles voller Riebeehlflackn. – Mei Ziehlindr mit zamst dr Lamp un drei Scheim warn natierlich ah hie un 's war när e tausnds Gelick, doß 's ka Blut gaam hoot.«

»Wer hat denn ne Schaden rieber un nieber bezahlt?« frug der Lenk Karl, der damit beschäftigt war, die letzten Fleischspuren vom Schinkenknochen zu kratzen.

»Suviel ich waas, hoot dr Herr Schilbach allesmitenanner bezohlt«, sagte Leichsenring und mit ehrfurchtvollem Stirnrunzeln fügte er hinzu: »Mir hoot'r salt sugar noch e Viergutsgroschnstick – 's war freilich e pulisch – gaam, ich sollt mich of men Schrack wiedr stärkn. Wu mei letzte Lartarr hängt draußn ben Haustein, ho ichs besorgt. – Odr ich soog när: Wos alles vürkumme kah.«

»Ja ja ja!« bestätigte der Weiß Heinerich mit bedächtigem Kopfnicken. »Auf dere besch–ummelten Welt passiert mannigmal Manches, was mer nich begreifen kann und doch geht alles ganz natierlich zu, grad wie mit den geheimnisvollen Schuß in Neistädtel, der hat sich itze ooch aufgeklärt.«

»Wos is dä do gepassiert? do waß ich doch gar nischt drfu« frug Leichsenring eifrig und neugierig.

»Nu das is doch scho e Gahrer dreie, viere her, wo of'n Neistädtler Vogelschießen der Rumpes runtergepfeffert worden is, ohne daß e Schuß gefalln, ohne daß e Knall geheert wordn is«, sagte Weiß.

Leichsenring zog die Schultern hoch, legte die Stirne in Falten und kam dann zu der Folgerung: »Do is ahm amende dar Rumpes mit'n Bloosrohr rogeschossn wurn.«

Soviele Ehrentitel sind noch nie auf einmal über Leichsenring gehäuft worden, wie jetzt und ärgerlich verteidigte er sich: »Ach wos! ka Schuß gefalln, ka Schuß geknallt, dos gelaab ich net, do mißt ich doch gar ka Schitz net sei!«

»Wenigstens kee *solcher* wie Sie« bemerkte Mattausch.

»Suuu?« fuhr Leichsenring, nun erst recht beleidigt auf: »Ich will Sie emol wos soong Herr Mattausch! Meitwaang kah dr Herr Schilbach noch zahmol in de Lartarr neirenne, bei Ihne wern de Scheim nimmer eingezuung!«

»Nana, nur friedlich!« mahnte der Leutnant Süß, der den Namen mit der Tat verband, er war seines Zeichens Konditor.

Weiß nahm seine Erzählung wieder auf: »Also, wie gesagt, Niemand hatte en Schuß da draußen abgegebn und doch is eener gefalln und geknallt hats ooch«.

»Nu also!« sagte Leichsenring, aber Süß winkte ihm Schweigen zu.

Weiß fuhr fort: »Erscht vor korzen hat mirsch der betreffende Schitz drunten beim Einenkel in der »Erholung« selber erzählt, der den Schuß abgeem hat.«

»Nu also!« sagte Leichsenring und »Ruhig! – Maulhalten!« rief es durcheinander, da frug Weiß mit erhobener Stimme: »Wißt ihr wer der Schütze war?«

»Der Teifel!« schrie Leichsenring, Leutnant Süß aber warnte ihn streng: »Wenn Sie noch einmal dreinreden, kriegen Sie kei Bier mehr.« – Das half.

»Neneneneee!« rief Weiß, »der Teufel – Sie meenen doch den Schneider Teufel, der warsch nich: Der Fritsche wars, drüben of'n Fritschegut, der hat mit'n Fernrohr von sein Fenster aus beobacht', wie se draußn of'n Neistädtler

Schießhaus ene gute halbe Stund nach'n Rumpes gepulvert ham un da is'n die Geschicht zu langweilig worn, er hat sei neis Jagdgewehr aus'n Gewehrschrank geholt, mit grobn Rehpostn geladen un – von sein Fenster aus den Rumpes draußen runtergewichst.«

An der Tafelrunde lief ein Ellenbogenstoßen um, nur der Leichsenring hat nichts davon verspürt und gerade der war der Einzige, der die Geschichte glaubte.

»Hei–ner–rich!!!« – Eine weibliche Stimme wars, die den Ruf ausgestoßen hatte und der Korporal Richter wars, der dieselbe erkannte, von seinem Sitz aufsprang und hinauseilte. Draußen aber stand seine Gattin mit strahlendem Gesicht und noch keuchend vom schnellen Lauf frug sie: »Is denn wahr, daß du Keenig worden bist?«

»*Iiiich?* – Keenig –? Ich hab doch gar nich mit geschossn!«

Da schlug die freudige Stimmung der Gattin ins Gegenteil um und etwas spitzig frug sie: »Nu verwas hast'n nachert den Schinken holn lassn?«

»*Iiich?* ne Schinken? …?«

In Richters Hirn begann sich ein Seifensieder zu formen, der riesige Dimensionen annahm. Bang kam es von seinen Lippen: »Wer hat ne denn geholt?«

»Die zwee Schneiderseeln da drinne, itze steckn se ihre Kepp zesamm un vischpern mitenander, der scheene Piefke un der Windsheimer.« – Sie fing an zu weinen.

»Warum heilst de denn?«

»Dort of'n Tisch liegt'r unner guter Schinknknochn rattnkahl abgezaust,« schluchzte die untröstliche Gattin.

»O diese – diese –« knirschte Richter und fand keinen Ausdruck, der ihm kräftig genug schien. Aber seine Frau examinierte ihn scharf: »Wieso ham denn die gewußt, daß mir en Schinkn drheeme ham?« da wurde er kleinlaut und bekannte, daß er den Schützenbrüdern selbst den Mund wässerig gemacht habe, indem er den Schinken über den Schellenkönig gelobt habe.

Jetzt fand die Gattin das erlösende Wort: »Du Kamel! Ich hab mirsch doch gedacht, daß du wieder emal der Dumme warscht. –«

»Un du de Gescheidte, daß de ne Schinkn hergeem hast. Ich denk mir ham uns enander nischt vorzewerfn, aber ich hab schon mein Plan: – – Der Stoff zu en Anzug, den de mir ze Weihnachtn geem hast, der liegt doch noch in der Kommod; von den lassn mir beim Piefke en Rock un beim Windsheimer Hose und Weste machen. Alles übrige werd sich findn.«

Siegesbewußt erschien Richter wieder im Wachlokale.

Schon lange hatte das Elfeglöckel die siebende Abendstunde eingeläutet, leerer wurde es um die Vogelstange, von der August Schuhmann in seinen Erinnerungsblättern von 1819 so schön schreibt, sie sei »die Drehspindel des Vergnügens« und der Grundtext des Vergnügens sei: »Freuet euch des Lebens«.

Vor dem Saalbau stellten sich die Schützen zum Einzug auf, mit der Front nach den Fenstern zu. – In Vertretung des Hauptmanns kommandierte Leutnant Schreyer. Das vorletzte Kommando sollte gegeben werden, doch ach, – auch Schreyer hatte sich ein bischen zuviel des Lebens gefreut und so geschah es, daß er in der Aufregung »links – um!« kommandierte und nun waren die Nasen nach der entgegengesetzten Seite gerichtet. Einige Schützen hatten aber doch instinktiv die richtigere Rechtswendung gemacht und so standen sich der dicke Höfer und der Fahnenträger Burkhardt Nase gegen Nase gegenüber.

»Wu willst denn du hie mit deiner Fahne«, fragte Höfer. »Ich waaß net, 's scheint nooch Wilbach nauswärts gieh ze solln. Wu willst dä du hie, mit denn dickn Bauch?« »Mit dan werd aham gerammelt un wenn ich eich alle iebern Haufn schmeißn muß. Iech ho Hunger.«

Da krähte eine helle, aber durchdringende Stimme aus der Reihe der Schützen: »Rechts – um – kehrt!« und nun erst konnte das Schlußkommando: »Vorwärts marsch!« erfolgen.

Als die Schützenbeine den Takt zum Radetzkymarsch stampften, da gab es außer dem Schulhausmann Wetzel noch *viele, sehr viele Wackelfritzen.*

Am anderen Morgen stand die Falks Miene droben beim Försterbeck im Laden und kaufte die gewohnten »Pfengbrotle« ein. Der Försterbeck wollte eine Unterhaltung mit ihr anbändeln. »Schies Watter ham se gehatt, de Schitzn«, sagte er. Aber die sonst so redselige Miene schien heute wortkarg zu sein, sie verhielt sich stumm. Da frug Förster: »'s is'n doch gut bekumme, ne Gust?« worauf die kurzangebundene Antwort kam: »Waaß net, der schleeft noch.«

»Nu da lossn se ne när ornlich ausruhe vun sen Strapazn«, meinte Förster und brachte damit die Miene zum reden.

»Wos? – Strapazn? – schiene Strapazn!« legte sie los: »odr mit eich Mannsen kah mr do net drieber redn; Max oder Alexander –« sie machte wendende Bewegungen mit den Händen – »sis aaner wie dr Ander! Wenn ihr ins Kutteln kummt, kennt'r ka Mooß un ka Ziel.«

»Hahaha!« lachte Förster, »das kimmt ahm of Moses un de Profetn ah.«

Die Miene sah ihn verständnislos und mißtrauisch an, dann spreißelte sie: »Dos mog nu sei wies will, odr dr Kukuk waaß, wie dos bei dan Schitznbriedrn zugitt; en halm Toler ho ich men Gust mietgaam, achtzn Neigrosch hoot'r wiedr miet aham gebracht un en Mords Aff drzu.«

9 789356 711020

Printed at Repro India Ltd.